DOCTRINE SAINT-SIMONIENNE.

RÉSUMÉ GÉNÉRAL

DE

L'EXPOSITION FAITE EN 1829 ET 1830.

Extrait de la Revue Encyclopédique.

TROISIÈME ÉDITION.

PARIS.
AU BUREAU DU GLOBE,
RUE MONSIGNY, N° 6.
ÉVERAT, IMPRIMEUR, RUE DU CADRAN, N° 16.

1831.

Extrait de la Revue Encyclopédique.

(Novembre 1830.)

DOCTRINE
SAINT-SIMONIENNE.

EXPOSITION — PREMIÈRE ANNÉE.

C'est un spectacle auquel nous ne pouvons refuser notre admiration, que celui d'un homme luttant avec persévérance et désintéressement contre les obstacles et les dangers, pour travailler à l'élaboration, à la défense, à la propagation d'un système d'idées avec lequel son existence entière s'est identifiée. Quel que soit le jugement que l'on porte sur ces idées en elles-mêmes, le nom de leur auteur demeure honorable dans la mémoire des hommes. Qu'est-ce donc, lorsque, persuadé que la postérité seule saura lui rendre justice, il se soumet volontairement aux essais les plus pénibles, aux privations les plus dures, aux humiliations, aux railleries de ses contemporains, pour lesquels il se dévoue? Qu'est-ce enfin, lorsque dans l'œuvre de sa vie on reconnaît une de ces conceptions immenses, appelées à changer la face de la société, dont il est ainsi à la fois le bienfaiteur et le martyr? Ces hommes, qui n'apparaissent dans l'histoire qu'à de longs intervalles remplis par les résultats de leurs travaux, grandissent dans les âges, à mesure qu'ils s'éloignent, et l'on peut de mieux en mieux apprécier la trace éclatante qu'ils laissent après eux.

C'est par de tels efforts et par de telles souffrances que s'est manifestée, il y a dix-huit siècles, une apparition qui a mérité d'être appelée divine, tant elle a porté de fruits pour l'humanité.

Nulle autre carrière ne fut signalée par des actes plus analogues que ne l'a été de nos jours celle de Saint-Simon. Après s'être sacrifié au perfectionnement de sa doctrine, après avoir vécu dans la misère et l'abondon, il est mort plein de cette conviction, qu'il léguait au monde un long héritage de bonheur; il est mort, non pas *inconnu*, mais *méconnu* de ses contemporains, selon l'heureuse et juste expression d'un de ses disciples.

Né en 1760, d'une famille qui, par les comtes de Vermondois, prétendait descendre de Charlemagne, Saint-Simon entra au service à l'âge de dix-sept ans; l'année suivante, il passa en Amérique, et y fit, avec distinction, cinq campagnes, sous les ordres de Bouillé et de Washington. Il connut Franklin, et étudia l'organisation politique des États-Unis dont il est souvent question dans ses ouvrages. C'est de cette époque que date sa tendance philosophique : « Ma vocation n'était point d'être soldat, dit-il ; j'étais porté à un genre d'activité bien différent, et je puis dire contraire. Étudier la marche de l'esprit humain, pour travailler ensuite au perfectionnement de la civilisation, tel fut le but que je me proposai. Je m'y vouai dès lors sans partage ; j'y consacrai ma vie entière, et ce nouveau travail commença à occuper toutes mes forces (1). »

A peine de retour en Europe, Saint-Simon assista au début de la révolution française. Ce spectacle, à la fois magnifique et terrible, ne pouvait manquer de l'émouvoir profondément; mais son regard, franchissant l'horizon vulgaire dans l'avenir comme dans le passé, sut en distinguer les véritables causes et en apprécier les résultats. Il vit, dans ce grand acte, la mise en pratique des théories fondées aux XVe et XVIe siècles par les réformateurs, popularisées par les philosophes au XVIIIe, la destruction légitime d'un ordre moral et politique qui ne répondait plus aux sentimens et aux intérêts de la société; il reconnut, en même temps, que cette crise, appelée à déblayer le terrain, ne portait en soi aucun germe de réorganisation, et prévit qu'elle ne serait définitivement terminée que par la production d'un principe nouveau de classification sociale. Cette tâche immense, Saint-Simon se donna mission de l'accomplir; et, tout entier à l'avenir, il trouva en lui la force de résister au courant révolutionnaire qui entraînait alors toutes les âmes sympathiques comme la sienne.

Son premier soin fut de se procurer les ressources matérielles nécessaires à son œuvre. De vastes spéculations financières furent entreprises par lui et couronnées d'un plein succès : « Je désirais la fortune, dit-il, seulement comme moyen d'organiser un grand établissement d'industrie, fonder une école scientifique de perfectionnement, contribuer, en un mot, au progrès des lumières et à l'amélioration du sort de l'humanité. Tels étaient les véritables objets de mon ambition. » Voilà les pensées et les occupations de Saint-Simon, au moment où tout s'écroulait avec fracas à ses côtés.

Après avoir consacré sept années de sa vie à la carrière industrielle, il l'abandonna pour se mettre à la recherche des idées sans lesquelles sa fortune n'était qu'un instrument inu-

(1) Voyez dans l'*Industrie*, ouvrage publié en 1817 par Saint-Simon, t. II, les *Lettres à un Américain*.

tile. Voici comment Saint-Simon rend compte de ce projet et de sa mise à exécution :

« J'entrepris de faire faire un pas général à la science, et de rendre l'initiative à l'école française ; cette entreprise exigeait des travaux préliminaires ; j'ai dû commencer par constater la situation des connaissances humaines, et par étudier l'histoire des découvertes.

» Pour y parvenir, je ne me suis pas borné à des recherches dans les bibliothèques ; j'ai pris domicile en face de l'École Polytechnique, je me suis lié d'amitié avec plusieurs professeurs de cette école ; j'ai employé trois ans à me mettre au courant des connaissances acquises sur la physique des corps bruts.

» J'ai employé mon argent à acquérir de la science ; grande chère, bon vin, beaucoup d'empressement vis-à-vis des professeurs auxquels ma bourse était ouverte, me procurèrent toutes les facilités que je pouvais désirer. J'avais de grandes difficultés à surmonter ; déjà ma cervelle avait perdu de sa malléabilité ; je n'étais plus jeune, mais d'un autre côté je jouissais d'un grand avantage : de longs voyages, la fréquentation d'un grand nombre d'hommes capables que j'avais recherchés et rencontrés ; une première éducation dirigée par d'Alembert, éducation qui m'avait tressé un filet métaphysique si serré qu'aucun fait important ne pouvait passer au travers, etc.

» Je m'éloignai, en 1801, de l'École Polytechnique ; je m'établis près de celle de médecine ; j'entrai en rapport avec les physiologistes ; je ne les quittai qu'après avoir pris une connaissance exacte de leurs idées générales sur la physique des corps organisés.

» La paix d'Amiens me permit de partir pour l'Angleterre. L'objet de mon voyage était de m'informer si les Anglais avaient découvert de nouvelles idées générales. J'en revins avec la certitude qu'ils n'avaient sur le chantier aucune idée capitale neuve.

» Peu de temps après, j'allai à Genève, et je parcourus une partie de l'Allemagne. J'ai rapporté de ce voyage la certitude que la science générale était encore dans l'enfance dans ce pays, puisqu'elle y est encore fondée sur des principes mystiques ; mais j'ai conçu de l'espérance pour les progrès de cette science, en voyant toute cette grande nation passionnée dans cette direction scientifique. »

Saint-Simon ne se borna point à étudier les sciences et les savans ; il voulut connaître les artistes et leurs inspirations ; il voulut surtout comparer le génie de ces derniers avec celui des spéculateurs scientifiques. Sa maison fut pendant une année le rendez-vous des hommes les plus distingués de la capitale dans ces deux genres. Sa fortune, déjà entamée, acheva de se consumer entièrement dans cette expérience.

Cependant son but se trouvait atteint ; il avait rassemblé les matériaux sur lesquels sa vaste intelligence devait s'exercer : il se mit au travail pour les employer.

Napoléon avait adressé à l'Institut cette magnifique question : *Rendez-moi compte des progrès de la science depuis* 1789 ; *dites-moi quel est son état actuel ; et quels sont les moyens à employer pour lui faire faire des progrès.* L'Institut n'y répondit que par une série de rapports historiques partiels, qui, n'étant liés par aucune vue générale, ne pouvaient donner une véritable impulsion à la science. Saint-Simon entreprit de combler cette lacune ; il conçut et exécuta son *Introduction aux travaux scientifiques du XIXe siècle* (1), large composition, dans laquelle il déposa le germe de la plupart des idées développées par lui dans la suite. Il y démontre, pour l'espèce humaine, ce que Bacon avait constaté pour l'individu, que l'activité de l'intelligence se manifeste par deux modes généraux, alternatifs, d'opération, la *synthèse* et l'*analyse* ; le mode *à priori*, et le mode *à posteriori* ; il fait voir que la science, considérée dans la réunion de tous les hommes qui la cultivent,

---

(1) Paris, 1807, deux vol. in-4°, tirés seulement à cent exemplaires.

dans la vue générale qui préside à leurs travaux, passe successivement, mais à des intervalles de temps éloignés, de l'*analyse* à la *synthèse*, de la recherche des faits à l'édification des théories; que le plus grand pas que l'on puisse faire faire à l'esprit humain, dans la direction des sciences, consiste à déterminer le passage de l'atelier scientifique d'un mode à l'autre, lorsque le temps en est venu; il s'attache à prouver que depuis un siècle les savans de l'Europe, engagés dans les voies de l'analyse, les ont suffisamment explorées, et qu'ils doivent maintenant abandonner cette direction pour se replacer au point de vue général ou synthétique; en un mot, il s'efforce de les ramener au point de vue de Descartes qu'ils ont entièrement oublié pour celui de Newton et de Locke. Saint-Simon énumère ensuite les principales conceptions des savans des XVIIe et XVIIIe siècles, particulièrement celle de Condorcet sur le développement de l'humanité; il donne les moyens d'étudier ce développement, étude élevée par lui au rang des sciences positives; puis il publie l'*Esquisse d'un nouvel arbre encyclopédique*.

Nous ne saurions entrer dans une analyse détaillée de cette importante production, non plus que des autres ouvrages de Saint-Simon, dont nous nous bornerons à indiquer les titres, renvoyant ceux de nos lecteurs qui voudraient s'en former une idée plus complète aux articles insérés par M. O. RODRIGUES dans *le Producteur* (t. III, p. 86, 281 et 426; t. IV, p. 36). Notre objet, en ce moment, est de faire connaître la doctrine saint-simonienne dans l'état de perfectionnement où l'ont conduite par leurs travaux les successeurs du maître.

Les principaux écrits scientifiques de Saint-Simon sont, outre l'*Introduction* dont nous venons de parler, ses *Lettres au Bureau des Longitudes*; le *Prospectus d'une nouvelle Encyclopédie*; *Mémoire sur la gravitation et sur la science de l'homme* (ces deux derniers encore inédits). Ses ouvrages politiques et industriels les plus importans ont pour titres: *De la Réorganisation de la société européenne;—l'Industrie; —l'Organisateur;— le Politique ;— Du Système industriel;*

— *Des Bourbons et des Stuarts;* — *Catéchisme des industriels;*
— *Opinions littéraires, philosophiques,* etc.

Tous ces ouvrages furent publiés par Saint-Simon depuis 1814, époque où il quitta sa direction, jusque là essentiellement spéculative, pour s'occuper de travaux d'application.

Et cependant l'auteur de tant de productions, qui ne semblaient alors que d'ingénieuses rêveries, tandis qu'elles se présentent aujourd'hui aux penseurs sérieux comme les inspirations d'un génie appelé à transformer les sociétés; cet homme qui n'avait acquis la fortune que pour la consacrer aux progrès de la science; qui n'avait rien sollicité de l'empire, alors que Napoléon cherchait à s'entourer des illustrations nobiliaires de l'ancien régime; qui n'avait rien accepté de la restauration, prodigue de ses largesses envers les grands seigneurs demeurés étrangers comme lui et à la crise révolutionnaire et au gouvernement impérial; cet homme, tout entier à sa haute mission, employait ses faibles ressources pécuniaires, composées d'une pension alimentaire que lui faisait sa famille et de légères avances obtenues de la richesse orgueilleuse, ressources auxquelles il ajouta souvent le produit de la vente de ses meubles et de ses effets, à payer quelques jeunes gens, pour avoir le droit de les instruire et leur donner les moyens de travailler, et à l'impression de ses ouvrages qu'il distribuait avec profusion : lui-même vivait dans la plus affreuse misère. Qu'on juge de sa position par les lignes suivantes : « Depuis quinze jours, je mange du pain et je bois de l'eau; je travaille sans feu, et j'ai vendu jusqu'à mes habits pour fournir aux frais des copies de mon travail. C'est la passion de la science et du bonheur public, c'est le désir de trouver un moyen de terminer d'une manière douce l'effroyable crise dans laquelle toute la société européenne se trouve engagée, qui m'ont fait tomber dans cet état de détresse. Ainsi, c'est sans rougir que je puis faire l'aveu de ma misère, et demander des secours nécessaires pour me mettre en état de continuer mon œuvre. »

Un seul jour, cette situation terrible, le dédain et l'abandon qu'il éprouvait de la part des hommes en faveur desquels sa vie était un perpétuel sacrifice, le plongèrent dans le découragement. Il douta de sa mission et voulut mettre fin à ses jours; mais sa main heureusement le trompa, et cette rude épreuve le pénétra d'un nouveau courage. Son œuvre ne devait point demeurer incomplète; il avait créé une philosophie des sciences, une philosophie de l'industrie; Saint-Simon vécut assez pour trouver le lien, la religion destinée à unir ces deux créations; il composa *le Nouveau Christianisme*, et mourut peu de temps après, le 19 mai 1825.

Plein de l'heureuse conviction qu'il venait enfin de couronner ses travaux, qu'il venait d'animer du souffle de vie la statue que ses mains avait élevée aux prix de tant d'efforts et de souffrances, persuadé qu'elle vivrait et traverserait les siècles après lui, il n'entretenait ses disciples, rassemblés en petit nombre autour de son lit de mort, que des espérances de l'avenir qu'il avait préparé à l'humanité. La mort de Socrate fut moins belle.

Ceux qui désirent connaître ce que fut Saint-Simon dans ses relations avec les autres hommes pourront l'apprendre dans cette page tracée par une personne qui a vécu dans son intimité.*

« Tous ses travaux ont eu pour but le bonheur des hommes; la liberté, l'industrie, la philosophie dans ce qu'elle a de plus sublime, furent l'objet continuel de ses méditations. Des volumes seraient nécessaires pour développer toutes les idées que sa conversation claire, vive et brillante savait rendre sensibles et palpables en quelques heures. Il ne parlait jamais de lui-même. Il semblait qu'il eût oublié sa naissance pour ne conserver du sang de Charlemagne qu'une noblesse d'ame et de sentimens que nul autre peut-être n'égala. Il ne se serait probablement plus souvenu de ses campagnes et de la valeur dont il avait fait preuve, sans la satisfaction qu'il ressentait d'avoir contribué au succès de la liberté. Rejetant toutes les distinctions qu'il tenait du hasard de la naissance, c'est par lui-même qu'il brilla ; c'est l'homme en lui qu'il fallait connaître. A ne considérer que ses travaux, son existence doit paraître avoir été toute intellectuelle ; à ne considérer que ses actions, on aurait pu croire également qu'il n'était que sensible. Si son génie fut sublime, son cœur surpassa son génie; toutes ses idées passaient par le cœur. Jamais, je pense, aucune créature humaine n'a eu à se plaindre de lui, et il a fait de nombreux ingrats. Il a connu aussi des êtres reconnaissans, et ce fut le charme de sa vie.

» Une femme célèbre a dit qu'on redoutait à tort la supériorité du génie : tout comprendre, tout sentir, rend fort indulgent. Nul ne prouva mieux que Saint-Simon combien cette idée est juste et vraie. Il savait se mettre, avec une inconcevable simplicité, au ton et à la portée de celui qui jouissait de son entretien. Telle était la flexibilité de cet esprit supérieur, mais bon, mais excellent par-dessus tout, que, tandis que les plus sages emportaient l'espoir de venir encore chercher des leçons, l'ignorant pouvait le quitter avec l'idée de l'avoir instruit. Sa seule passion était le bien public ; il le cherchait avec une abnégation de lui-même dont nous ne retrouvons quelques traits que dans les temps anciens. Aussi, lui, qui jamais n'eût profité de la pensée d'un autre, distribuait les siennes avec une prodigalité dont ceux qui l'entouraient profitèrent. Il aimait à rapprocher de lui les jeunes gens, les *hommes de l'avenir*, à leur procurer les moyens de se frayer une honorable carrière par leurs travaux et par leurs écrits. Peu lui importait qu'ils employassent ses idées ; il les leur donnait lui-même ; il ne regardait comme essentiel que de les répandre. Le moindre sentiment d'égoïsme ne souilla jamais un aussi beau caractère. Plus occupé des intérêts d'autrui que des siens qu'il négligeait, il ne trouvait belle et honorable que la fortune acquise par l'industrie ; et, quoiqu'il regardât l'acquisition des richesses comme *le problème le plus facile à résoudre*, et qu'il l'eût résolu plus d'une fois pour lui-même, son insouciance à cet égard lui faisait répandre ses biens plus promptement qu'il ne les avait acquis. « Si la générosité n'était pas dans le cœur, disait-il, elle serait toujours un bon calcul. » (*Journal de la province de Liége*, 13 octobre 1830).

Après la mort de Saint-Simon, ses disciples apprécièrent toute l'étendue de la mission qui leur était confiée : groupés autour de celui d'entre eux que le maître avait particulièrement affectionné, et qui avait été le dépositaire de ses dernières pensées et de ses derniers travaux, ils entreprirent d'abord la publication d'un recueil périodique où les principaux points de la doctrine furent exposés sous la forme scientifique, jaloux seulement alors d'intéresser les penseurs en leur présentant les sommités de la philosophie nouvelle. Ils atteignirent leur but. *Le Producteur* (1) n'obtint point un succès de vogue qu'il n'avait pu ambitionner, mais il souleva des questions fondamentales d'ordre social. Parmi ses lecteurs, les plus superficiels, après des plaisanteries dédaigneuses auxquelles tout novateur doit s'attendre, en adoptèrent cependant à leur insu, soit quelques idées, soit quelques mots de ralliement ; les plus graves, rendus attentifs, vinrent consulter les propagateurs de la nouvelle doctrine, ou engagèrent des correspondances avec eux : *l'école de Saint-Simon* se trouva constituée par ce fait. Après la cessation du *Producteur*, loin de se dissoudre, elle devint plus nombreuse et mieux unie ; la parole remplaça la presse ; des réunions se formèrent, où la philosophie saint-simonienne fut exposée et examinée consciencieusement, et chaque discussion lui amenait des partisans. Leur nombre s'accroissant, et avec lui les ressources de l'école, celle-ci put entreprendre une nouvelle publication propre à jeter dans un cercle plus étendu les idées qui se développaient et se complétaient chaque jour dans son sein. *L'Organisateur* fut commencé en 1829, et ne tarda pas à fixer l'attention de ces hommes, nombreux aujourd'hui, que l'expé-

---

(1) 4 vol. in-8°.

rience a désenchantés d'un état où la lutte, la méfiance, sont systématisées entre les pouvoirs politiques et dans les relations individuelles, où l'anarchie règne dans la science, la concurrence ou la guerre dans l'industrie, le doute dans les croyances; de ces hommes dégoûtés du passé, fatigués du présent, appelant un avenir qu'ils ignorent, mais auquel ils demandent la solution des grands problèmes que présente la marche progressive de l'espèce humaine. L'école de Saint-Simon, après avoir, imitant dans sa carrière celle de son fondateur, développé le point de vue scientifique, puis le point de vue industriel, avait également senti qu'à ce système manquait la vie, le lien chargé d'unir les deux ordres de travaux parcourus jusqu'alors isolément; elle se rallia à la dernière pensée du maître, au *nouveau christianisme*. Dès lors, perdant le caractère purement philosophique qu'elle avait eu primitivement, la *doctrine* de Saint-Simon devint une *religion*, l'*école* devint une *église*. S'adressant tour-à-tour au sentiment et à la raison par la prédication et la démonstration, les disciples de la croyance nouvelle prêchent aujourd'hui leur foi, ou exposent logiquement leurs idées, et la foule se presse pour les écouter.

Le volume que nous allons résumer contient l'enseignement oral fait publiquement dans le cours de l'année 1829. Débutant par un tableau de l'état actuel des sociétés, et établissant la nécessité d'une nouvelle doctrine générale qui mette un terme au désordre moral, intellectuel et matériel, on y examine successivement les questions les plus importantes; la constitution de la propriété, l'éducation et la législation qui doivent présider aux relations des hommes entre eux, et enfin la religion qui doit embrasser et relier toutes les parties de l'ensemble. Sur chaque partie et sur l'ensemble, on y indique sommairement la direction dans laquelle doit s'opérer la réédification annoncée par Saint-Simon. Ce premier volume sera suivi d'un second qui contiendra l'enseignement fait cette année (1830), également en public, et qui présentera l'institution saint-simonienne complétement développée sous son aspect religieux, scientifique et industriel.

Le premier volume se compose d'une introduction historique sur les travaux de la doctrine, d'une lettre à un catholique sur la vie et le caractère de Saint-Simon, et du résumé de dix-sept séances que nous allons passer rapidement en revue, en conservant aussi souvent que possible, comme nous l'avons fait jusqu'ici, les expressions employées par l'école.

Si l'on jette un coup d'œil impartial sur les sociétés européennes, placées sans contredit à la tête de la civilisation, il est impossible que l'on ne soit pas frappé par le spectacle du désaccord qui règne dans les sentimens, dans l'activité rationnelle et dans les intérêts matériels, soit généraux, soit individuels. La société est fractionnée en une foule de sectes soi-disant religieuses ou philosophiques, sectes qui furent unies, pendant les trois siècles derniers, par l'unanimité de leur haine pour le catholicisme, contre lequel elles sont toutes dirigées, mais qui, depuis que le fantôme ultramontain n'est plus sérieusement menaçant qu'aux yeux des visionnaires, se séparent de plus en plus et se disputent entre elles. C'est le protestantisme dans toutes ses nuances, depuis le respectueux gallicanisme jusqu'au méthodisme le plus fougueux ; c'est le déisme pur jusqu'à l'athéisme le plus décidé. Il en est de même dans l'empire de la politique. Aussi long-temps que le sceptre féodal s'est montré redoutable, les partis se sont trouvés momentanément unis pour l'attaquer : mais sa présence seule formait leur accord ; lui tombé, toutes les fractions se sont disjointes, depuis le méticuleux doctrinaire jusqu'au hardi républicain ; bientôt, peut-être, dans nos assemblées politiques, il faudra un siége isolé pour chaque membre, un banc sera trop vaste pour une nuance d'opinion tout entière. Telles sont les conséquences de doctrines négatives qui n'ont d'harmonie réelle que pour la destruction, nées comme elles le sont en présence d'une doctrine positive dans ses dogmes et dans ses préceptes, mais arriérée, et ne satisfaisant plus aux besoins de la société.

Si nous étudions, comme on doit le faire, l'état des sentimens moraux dans le langage du sentiment, c'est-à-dire dans les beaux-arts, ils en offrent la plus affligeante image ; quelles voix poétiques trouvent en effet de nos jours le plus d'échos dans les ames ? celles qui profèrent des accens de douleur ; on applaudit aux traits d'une raillerie amère, ou à l'insouciance, qui n'est autre chose que l'égoïsme, étalée avec une imprudence qui seule fait le procès de la société dont elle ne soulève point les répugnances. Dans tous les beaux-arts, on le sait, les formes satiriques ou élégiaques sont goûtées de préférence aujourd'hui, et ces formes s'attaquent l'une et l'autre aux sentimens sociaux, soit par l'expression passionnée du désespoir, soit par celle du mépris dont le rire infernal s'attache à souiller tout ce qu'il y a de pur et de sacré. D'ailleurs, pour attester ce que nous venons de dire sur l'individualité et la sécheresse des sentimens, faut-il une autre preuve que cette espèce de complaisance avec laquelle on convient généralement de notre infériorité dans les beaux-arts, à l'égard de plusieurs siècles fameux ? Cette preuve nous paraît concluante, si l'on réfléchit que c'est par le langage sympathique des beaux-arts que l'homme est déterminé aux actes sociaux, qu'il est entraîné à voir son intérêt privé dans l'intérêt général ; que les beaux-arts, en un mot, qui comprennent tout le domaine de l'éloquence, de la poésie, de la peinture, de l'architecture, de la musique, sont la source du dévoûment, des affections vives et tendres, et non de simples jeux d'une habileté technique (1).

Le ton de modestie avec lequel notre siècle s'exprime sur

---

(1) Consultez, pour le développement de ces idées, une brochure intitulée : *Aux artistes : du passé et de l'avenir des beaux-arts*. Paris, 1830 ; un *Discours sur les Beaux-Arts*, dans *l'Organisateur* du 25 décembre 1830 ; et une prédication sur le même sujet, dans *le Globe* du 2 mai 1831.

son infériorité dans les beaux-arts contraste avec ses prétentions à l'égard des travaux dits positifs, ceux des sciences et de l'industrie.

Et cependant, les savans de nos jours, négligeant presque entièrement le perfectionnement des théories pour se livrer à une pratique lucrative, ou engagés exclusivement dans la même voie depuis la fin du XVIe siècle, depuis Bacon, amoncèlent les faits de détail, encombrent le terrain, sans qu'une vue générale vienne le déblayer, en classant, en co-ordonnant ces nombreux matériaux. Chaque science a sa théorie particulière, qui souvent contredit les théories des autres sciences. Quant à l'organisation des corps savans, loin d'avoir pour objet de mettre de l'ensemble dans les recherches, de leur imprimer une direction, elle ne les rend propres qu'à offrir, par des pensions alimentaires, de mesquines récompenses aux savans qui ont cessé d'être utiles : si quelques hommes encore actifs y trouvent place, ils se livrent à leurs travaux aussi isolément qu'on le fait au dehors. Partout, des expériences déjà faites sont répétées, des ouvrages déjà accomplis sont recommencés, faute d'un inventaire officiel des découvertes constatées ; et chacun a soin de s'environner de mystère pour n'être point dérobé par quelque plagiaire adroit dont la concurrence lui porterait préjudice.

Nous venons de parler de concurrence parmi les savans ; c'est dans l'industrie surtout qu'elle est meurtrière : c'est là que chaque individu, isolé, et entouré d'autres individus qu'il regarde comme ses ennemis naturels, parce qu'ils s'occupent du même genre de travaux, analogie qui devrait au contraire établir entre eux des rapports de sympathie, n'a de ressource que la ruse, disons le mot, la fraude, pour établir sa fortune sur la ruine d'autrui. S'il invente un procédé nouveau qui, livré au domaine public, recevrait de nombreux perfectionnemens, il se retranche derrière un brevet d'invention, source féconde de supercheries et de procès, quand elle ne l'est point d'immobilité ; ou bien c'est dans le plus grand secret qu'il met en œuvre sa découverte, et il aime mieux, de crainte d'un larcin, la laisser imparfaite que de consulter un ingénieur plus habile. La même crainte l'empêche de demander avis pour s'assurer des besoins de la consommation ; il demeure aussi à cet égard sans autre boussole que ses observations particulières, toujours incomplètes. De là, persistance des routines aveugles et des procédés arriérés ; de là, défaut d'équilibre entre la production et la consommation ; de là, enfin, ces catastrophes sans nombre, ces crises commerciales qui viennent épouvanter les spéculateurs et arrêter l'exécution des meilleurs projets.

Ce tableau affligeant ne doit-il pas faire désirer l'avénement d'une doctrine sociale nouvelle, qui, établissant l'harmonie dans les différens modes d'activité de l'homme, assure désormais à son cœur, à son esprit, à ses forces, la paix pour laquelle ils sont créés ? Ne témoigne-t-il pas que le moment est arrivé pour la production d'une pareille doctrine ? L'anarchie que nous venons de retracer est-elle l'état définitif des sociétés ? Toutes nos sympathies prononcent le contraire, et les désirs de l'humanité sont les prophéties de son avenir : l'humanité n'a jamais en vain désiré un progrès. Mais la science vient ici étayer la sympathie et justifier ses divinations ; elle nous apprend que le désordre n'est point la condition normale des sociétés humaines ; elle nous permet, non pas seulement d'espérer, mais de croire en un avenir essentiellement différent du présent. Cette croyance, à la fois sentimentale et rationnelle, s'appuie sur la connaissance de la loi de développement de l'humanité, loi que Saint-Simon a découverte, comme on découvre toute chose, par un mouvement spontané de l'intelligence, mais qu'il a vérifiée ensuite par l'emploi de la méthode positive en usage dans les sciences physiques. Pour appliquer cette méthode à l'investigation des faits du passé, pour vérifier dans ces faits la loi du développement de l'espèce humaine, il faut, parmi les différentes séries de civilisation que présente l'histoire du monde, prendre la mieux connue, celle qui offre le plus grand nombre de termes, celle enfin dont le dernier terme constitue l'état de civilisation le plus avancé. La série qui s'étend depuis les Grecs jusqu'à nous remplit cette triple condition. Pour étudier, en évitant toute confusion, le développement de l'humanité durant cette période historique, il faut diviser les faits sociaux qu'elle comprend en *séries de termes homogènes*, et suivant les faits historiques dans chacune d'elles, en commençant par la plus générale, chercher si leur enchaînement, si la croissance ou la décroissance qu'ils subissent est en rapport avec la loi conçue : dans le cas de l'affirmative, cette loi se trouve vérifiée. Les trois séries principales, qui embrassent toutes les autres, sont celles qui correspondent aux trois ordres de faits de l'activité, *sentimentale*, *scientifique* et *matérielle* (1).

Essayons maintenant de faire connaître la découverte de Saint-Simon.

L'humanité, a-t-il dit, doit être considérée comme un être collectif qui se développe dans la succession des générations, comme l'individu se développe dans la succession des âges. Son développement est progressif; il est soumis à une loi que l'on pourrait appeler la loi physiologique de l'espèce humaine. D'autres, avant lui, Vico, Lessing, Turgot, Kant, Herder, Condorcet, avaient entrevu plus ou moins nettement l'idée de perfectibilité; et aujourd'hui cette idée semble généralement admise; mais elle demeure encore stérile, comme elle l'a été dans les mains des philosophes que nous venons de nommer. Saint-Simon seul l'a rendue féconde en caractérisant le progrès, en lui assignant un but, en montrant comme il s'est opéré et comme il doit se continuer. Voici la marche que Saint-Simon a reconnue être celle du progrès : nous verrons

---

(1) Pour tous les détails dans lesquels nous ne saurions entrer ici sur le mécanisme de la méthode, sur son application et sur la valeur qu'on doit lui attribuer, nous engageons nos lecteurs à consulter la troisième séance de l'*Exposition*, p. 58.

ensuite le but qu'il lui a conçu, et qu'il a vérifié historiquement, selon sa méthode.

Le développement des sociétés humaines ne s'est point effectué d'une manière continue, mais par des phases alternatives que la nouvelle doctrine a nommées les *époques organiques* et les *époques critiques* de l'humanité. Toutes les époques organiques ont des caractères abstraits semblables ; il en est de même de toutes les époques critiques. Dans les premières, l'humanité se conçoit une destination, et de ce fait résulte pour l'activité sociale une tendance déterminée. L'éducation et la législation font converger vers le but commun tous les actes, toutes les pensées, tous les sentimens. La hiérarchie sociale devient l'expression de ce but ; elle est réglée d'après les conditions les plus favorables pour l'atteindre ; il y a donc alors dans les pouvoirs, souveraineté, légitimité, selon la véritable acception du mot. Les époques organiques présentent un caractère général qui domine tous ces caractères particuliers ; elles sont religieuses. La religion embrasse alors tous les faits de l'activité humaine ; elle est en un mot la synthèse sociale.

Les époques critiques, qui commencent lorsque le dogme qui avait constitué une époque organique est épuisé, offrent des caractères diamétralement opposés. Dans leur cours, l'humanité ne se conçoit plus de destination ; les sociétés n'ont plus de but d'activité déterminé ; l'éducation et la législation sont incertaines dans leur objet, elles se présentent sans cesse en contradiction avec les mœurs, les habitudes, les besoins de la société ; les pouvoirs publics ne sont plus l'expression d'une hiérarchie sociale réelle ; ils sont dépourvus de toute autorité, et la faible action qu'ils continuent d'exercer leur est même contestée. Enfin un fait général domine tous ces faits particuliers, les époques critiques sont irréligieuses.— Les époques critiques se subdivisent elles-mêmes en deux périodes diverses : dans la première, qui en forme le début, on voit les esprits d'une fraction de plus en plus importante de la société se réunir dans un même dessein, et les actions tendre de concert à une même fin, savoir : la ruine de l'ancien ordre moral et politique ; dans la seconde, qui est l'intervalle compris entre la destruction et la réédification, on ne voit plus ni pensée, ni entreprise commune ; tout se résout en individualités, et l'égoïsme pur devient dominant.

La série historique qui s'étend de l'antiquité grecque jusqu'à nous présente à l'observation deux époques organiques et deux époques critiques. La première époque organique est constituée par le polythéisme ; elle se termine au début de l'ère philosophique en Grèce : la seconde commence avec le christianisme et s'arrête à la fin du XVe siècle. La première époque critique s'étend de l'apparition des philosophes grecs à la prédication de l'Évangile ; la seconde comprend le temps qui s'est écoulé depuis Luther jusqu'à nous. Toutes les sociétés européennes se trouvent à présent engagées, à un degré ou à un autre, dans la deuxième période de cette dernière époque critique ; et, de même qu'après la ruine du polythéisme et les désordres qui l'accompagnèrent, l'humanité se rangea sous une nouvelle loi religieuse, de même aujourd'hui, après la décadence du christianisme qui s'opère depuis trois siècles, l'humanité se prépare à entrer dans une nouvelle condition morale et politique.

Nous venons de dire quelle est la marche suivie par le développement des sociétés : disons maintenant quel est le but définitif auquel aspire ce développement, parmi cette succession alternative d'élévations et de chutes apparentes, communément appelées les vicissitudes de l'humanité, et qui ne sont autre chose que la série des efforts faits par elle dans sa carrière de progrès. Ce but, c'est l'*association universelle*, c'est-à-dire l'association de tous les hommes, sur la surface entière du globe, et dans tous les ordres de leurs relations.

Le but étant déterminé, appliquons la méthode indiquée par le maître.

Il nous dit de nous transporter au point de vue le plus élevé, et d'examiner dans l'ensemble des faits ceux qui manifestent une tendance croissante, et ceux qui, au contraire, tendent à décroître : et, en effet, ce qui nous frappe d'abord, c'est l'affaiblissement graduel de l'état d'antagonisme; c'est d'une autre part le perfectionnement graduel de l'état d'association.

Un coup d'œil sur l'histoire va justifier cette proposition.

L'état d'antagonisme est celui où chaque agrégation partielle voit des ennemis dans toutes celles qui l'entourent, et s'efforce de les détruire; où, dans le sein même de chaque agrégation, les élémens dont elle se compose sont engagés dans une lutte permanente.

Plus on remonte dans le passé, plus on trouve étroite la sphère de l'association ; plus on trouve que l'association elle-même est incomplète dans cette sphère. Le cercle le plus restreint, celui que l'on conçoit comme ayant dû se former le premier, est la *famille*. L'histoire nous montre des sociétés qui n'ont point d'autre lien : il existe aujourd'hui sur le globe des peuplades chez lesquelles l'association ne paraît pas s'étendre au-delà de cette limite : enfin, autour de nous, dans l'Europe même, quelques nations que des circonstances particulières ont isolées, jusqu'à un certain point, du mouvement de la civilisation, laissent apercevoir, dans leurs relations sociales, des traces encore profondes de cet état primitif. Le premier progrès qui s'opère dans le développement de l'association est la réunion de plusieurs familles en une cité; le second, celle de plusieurs cités en un corps de nation ; le troisième, celle de plusieurs nations en une fédération ayant pour lien une croyance commune. L'humanité en est restée à ce dernier progrès, réalisé par l'association catholique.

La série d'états sociaux que nous venons d'indiquer, famille, cité, nation, église, offre aux regards de l'observateur le tableau d'une lutte perpétuelle. Cette lutte règne successivement, avec toute son ardeur, d'abord de famille à famille, puis de cité à cité, de nation à nation, de croyance à croyance. Mais ce n'est pas seulement entre les diverses associations qu'elle se manifeste ; on la retrouve au sein même de chacune d'elles, considérée isolément. Nous avons vu les guerres que se sont faites entre eux les peuples composant l'association catholique, bien que ces peuples eussent témoigné si souvent, et notamment par leurs efforts combinés pour comprimer l'essor de l'islamisme et arrêter ses conquêtes, quelle était la puissance du lien qui les unissait. L'histoire nous montre des rivalités de même nature entre les cités ou provinces faisant partie d'une même nation, et dans l'intérieur de la cité entre les différentes classes d'hommes qui la composent. Enfin, la lutte se retrouve au sein même de la famille, entre les sexes et entre les âges, entre les frères et les sœurs, entre les *aînés* et les *puînés*. Les germes de division propres à chaque association se perpétuent après leur fusion dans une association plus grande ; mais c'est avec une intensité toujours décroissante, à mesure que le cercle s'étend.

La réunion opérée pour les peuples de l'Europe occidentale par le catholicisme, par l'institution de la papauté, est le dernier terme réalisé de la tendance de l'humanité vers l'association universelle, qui se présente comme l'état organique définitif dans lequel doit entrer aujourd'hui l'espèce humaine, représentée par les peuples les plus avancés en civilisation.

Cette nouvelle évolution des sociétés, annoncée et préparée par leurs perfectionnemens antérieurs, sera définitive. En effet, si les institutions du passé n'ont été que provisoires, c'est qu'elles n'embrassaient point la sphère complète du développement de l'humanité dans sa triple direction, *morale, intellectuelle* et *physique*; c'est qu'elles contenaient des germes de mort dans les germes de progrès qui n'avaient point été prévus. Le polythéisme, surtout matériel, n'avait pas prévu les progrès moraux ; le christianisme, surtout spirituel, n'avait pas prévu ceux de la science et de l'industrie : les dogmes de ces deux religions, trop étroits pour admettre des découvertes inattendues, en furent ébranlés et brisés : dans l'avenir, au contraire, l'humanité, ayant enfin conscience de sa loi de perfectibilité, s'organisera pour recevoir sans nouvelles secousses tous les progrès futurs.

L'association universelle, prédite par Saint-Simon, et dont le nom seul équivaut à une définition, est l'état où toutes les forces humaines seront harmonieusement combinées; or, elles ne peuvent l'être que dans une direction pacifique, et il est impossible de leur concevoir un autre objet d'activité que l'exploitation, l'embellissement du globe, à l'avantage de ses habitans. Toute trace d'antagonisme doit donc disparaître, et avec lui toute oppression exercée sur le faible par le fort. En un mot, le développement de l'humanité peut être exprimé dans les termes suivans, qui correspondent à ceux de décroissance de l'antagonisme et croissance de l'association; savoir : diminution graduelle de l'exploitation de l'homme par son semblable; exploitation de plus en plus parfaite du globe par l'homme.

Nous allons voir qu'effectivement, ainsi que nous venons de le dire, ces termes se correspondent, et qu'on peut les résumer dans la formule adoptée par l'école de Saint-Simon : *Amélioration constante, sous le rapport moral, intellectuel et physique, du sort de la classe la plus nombreuse et la plus pauvre.*

Les sociétés ont débuté par la guerre, expression la plus vive de l'état d'antagonisme. Le fait le plus général qui résulte de la guerre est l'empire de la force physique, qui se produit d'abord par le massacre et l'anthropophagie. L'institution de l'esclavage, succédant à la plus brutale férocité, doit être envisagée comme un progrès, puisque le prisonnier, cessant d'être condamné à une mort inévitable, est conservé par son vainqueur pour devenir entre ses mains un instrument de production. L'exploitation alors embrasse la vie *matérielle*, *intellectuelle* et *morale* de l'homme qui la subit. L'esclave est placé en dehors de l'humanité; il appartient à son maître, comme les terres que celui-ci possède, comme son bétail, son mobilier; il est sa *chose* au même titre. L'esclave ne possède aucun droit, pas même celui de vivre : le maître peut disposer de ses jours; il peut le mutiler à son gré, pour l'approprier aux fonctions auxquelles il le destine. L'esclave n'est pas seulement condamné à la misère, aux souffrances physiques; il l'est encore à l'abrutissement intellectuel et moral; il n'a point de nom, point de famille, point de propriété, point de liens d'affection, point de relation reconnue avec l'homme ou avec les dieux; car l'esclave n'a point de dieux, il n'y en a que pour le maître. Enfin, il ne peut jamais prétendre à acquérir aucun des biens qui lui sont refusés, ni même à s'en rapprocher. Telle est la servitude à son origine. Dans la suite, la condition de l'esclave devient moins rigoureuse : le législateur intervient dans ses rapports avec son maître. Peu à peu il cesse d'être une matière passive; on lui accorde une légère part du profit de ses propres travaux; des lois donnent quelque garantie à son existence. Ce n'est que fort tard qu'il peut prétendre, par l'affranchissement, événement toujours rare et exceptionnel, à faire un pas vers la société civile et religieuse, à introduire lentement sa race dans l'humanité, sans qu'elle cesse pourtant d'être proscrite et exploitée, tant que l'on peut reconnaître son origine.

Le christianisme, proclamant à la fois l'unité de Dieu et la fraternité humaine, vient changer complétement les relations religieuses et politiques, les rapports de l'homme à Dieu, et des hommes entre eux. Au début de sa domination, il existe bien encore deux classes d'hommes; l'une d'elles est bien encore soumise à l'autre; mais la condition de cette classe est sensiblement améliorée. Le serf n'est plus, comme l'esclave, la propriété directe du maître; il n'est attaché qu'à la glèbe, et ne peut en être séparé : il recueille une portion de son travail; il a une famille; son existence est protégée par la loi civile, et bien plus encore par la loi religieuse. La vie morale de l'esclave n'avait rien de commun avec celle de son maître; le seigneur et le serf ont le même Dieu, la même croyance, et reçoivent le même enseignement religieux; les mêmes secours spirituels leur sont donnés par le ministre des autels; l'ame du serf n'est pas moins précieuse aux yeux de l'Etre suprême que celle du seigneur; elle l'est davantage; car, selon l'Évangile, le pauvre est l'élu de Dieu. Enfin, la famille du serf est sanctifiée comme la famille de son seigneur lui-même. Cette situation, incomparablement supérieure à celle de l'esclave, n'est cependant encore que provisoire. Le serf, plus tard, est détaché de la glèbe; il obtient ce qu'on pourrait appeler le droit de locomotion; il peut donc choisir son maître. Sans doute, après ce que, rigoureusement parlant, on peut considérer comme son affranchissement, le serf reste, sous quelques rapports, marqué du sceau de la servitude : il est encore soumis à des services personnels, à des corvées; il paie des redevances féodales; mais ces charges s'allègent pour lui de jour en jour.

Enfin, la classe entière des travailleurs, dans l'ordre matériel, fait un progrès décisif; elle acquiert la capacité politique par l'établissement des communes.

Si, comme nous venons de le voir, le sort de la classe la plus nombreuse et la plus pauvre s'est améliorée successivement, il a bien des progrès à faire encore; car l'exploitation de l'homme par l'homme n'a point cessé : elle se continue à un très-haut degré dans les relations des propriétaires et des travailleurs, des maîtres et des salariés. Il y a loin, sans doute, de la condition respective où ces classes sont placées aujourd'hui, à celle où se trouvaient dans le passé les maîtres et les esclaves, les seigneurs et les serfs : il semble même, au premier aperçu, que l'on ne saurait faire entre elles aucun rapprochement; cependant on doit reconnaître que les unes ne sont que la prolongation des autres. Le rapport du maître avec le salarié est la dernière transformation qu'a subie l'esclavage. Il suffit de jeter un coup d'œil sur ce qui se passe autour de nous pour reconnaître que l'*ouvrier*, sauf l'intensité, est exploité matériellement, intellectuellement, et moralement, comme l'était autrefois l'*esclave*. Il est évident, en effet, qu'il peut à peine subvenir par son travail à ses propres besoins, et qu'il ne dépend pas de lui de travailler. Il aggrave encore sa position, s'il est assez imprudent pour se croire destiné à jouir de ce qui fait le bonheur du riche, s'il prend une compagne et se crée une famille. L'ouvrier, pressé par l'état de misère auquel il est réduit, peut-il avoir le temps de développer ses facultés intellectuelles, ses affections morales? Peut-il même en avoir le désir? Et, s'il éprouve le désir instinctif de s'améliorer, qui lui en fournira les moyens, qui mettra la science à sa portée, qui recevra les épanchemens de son cœur? Personne ne songe à lui; la misère physique le conduit à l'abrutissement, et l'abrutissement à la dépravation, source d'une misère nouvelle; cercle vicieux dont chaque point inspire le dégoût et l'horreur, lorsque pourtant il ne devrait inspirer que la pitié. Telle est la situation de la majorité des travailleurs, qui composent, dans toutes les sociétés, l'immense majorité de la population. Et pourtant ce fait, si propre à révolter tous les sentimens, passe aujourd'hui inaperçu de nos spéculateurs politiques. Le dogme moral qui a déclaré qu'aucun homme ne devait être frappé d'incapacité par sa naissance a depuis long-temps pénétré dans les esprits : les constitutions politiques, dans ces derniers temps, l'ont expressément sanctionné; il semble donc que l'exploitation de l'homme, résultat des classifications que nous avons indiquées tout à l'heure, laisse du moins penser que ces classes sont nécessairement flottantes, et qu'il se fait entre elles un échange continuel des familles et des individus qui les composent; mais, par le fait, un tel échange n'a pas lieu. Les avantages et les désavantages propres à chaque position sociale se transmettent *héréditairement*; et les économistes ont pris soin de constater ce fait, l'*hérédité de la misère*, lorsqu'ils ont reconnu l'existence dans la société d'une classe de *prolétaires*.

Cette exploitation prolongée de l'homme par son semblable a sa raison sans doute dans l'ensemble des faits sociaux ; mais elle reconnaît plus particulièrement pour cause *la constitution de la propriété*, dont le principe remonte directement au droit de conquête, et qui a gardé l'empreinte de son origine. Si donc on admet l'affaiblissement graduel de l'exploitation de l'homme par l'homme, qui n'est autre chose que la distribution des avantages sociaux d'après un principe étranger au mérite ; si la sympathie prononce qu'elle doit cesser entièrement ; s'il est vrai, comme l'établit la doctrine de Saint-Simon, que l'humanité s'achemine vers un état de choses dans lequel tous les hommes, sans distinction de naissance, recevront de la société l'éducation la plus capable de donner à leurs facultés tout le développement dont elles sont susceptibles, pour être ensuite classés suivant leurs *droits naturels*, c'est-à-dire selon leurs aptitudes et leurs goûts ; s'il est vrai, d'une autre part, ce qu'il est facile de prouver, que la constitution actuelle de la propriété et sa transmission par la naissance perpétuent le fait d'une classification contraire à ces *droits naturels*, contraire aux goûts et aux aptitudes, on est inévitablement amené à ce résultat, que la constitution de la propriété et son mode de transmission doivent être changés.

Le droit de propriété n'est point immuable, comme on se plaît à le répéter : c'est un fait social, variable ou plutôt progressif, comme tous les autres faits sociaux. A chaque grande révolution politique, le droit de propriété a subi des modifications plus ou moins profondes. Sous le régime de l'esclavage, les hommes eux-mêmes formaient la portion la plus importante de la propriété : plus tard, cette portion en fut distraite. Des obligations de diverses natures, sous le nom de redevances féodales, furent substituées à la servitude personnelle. Dans la suite des temps, ces redevances ont disparu, encore qu'à leur origine elles eussent été considérées comme formant une propriété très-légitime. Enfin le mode de transmission de la propriété n'a pas éprouvé de moindres variations que sa nature elle-même. Au droit de disposer arbitrairement de ses biens après sa mort, a succédé le droit exclusif du fils aîné, et, plus tard, l'égalité de partage entre tous les enfans. Aujourd'hui, en suite de tous ces progrès, qui ont eu pour résultat d'élargir sans cesse la carrière ouverte au mérite personnel, un dernier changement reste à opérer; il consistera à fonder un ordre de choses dans lequel l'État, et non plus la famille, héritera des richesses accumulées, en tant qu'elles forment ce que les économistes appellent le *fonds de production*. La société, au moyen d'un système hiérarchique (dont le mécanisme sera exposé dans le second volume de cette publication), transmettra la propriété, c'est-à-dire les instrumens de travail, non du père au fils, mais du capable au capable; elle les fera passer directement des mains qui savaient le mieux les employer aux mains qui sauront le mieux les employer après elles. Ainsi qu'aujourd'hui le magistrat succède au magistrat, l'administrateur à l'administrateur, le militaire au militaire; ainsi, dans l'avenir, l'artiste succédera à l'artiste, le savant au savant, l'industriel à l'industriel.

Les Saint-Simoniens pouvaient prévoir que quelques personnes confondraient ce système avec celui que l'on connaît sous le nom de *communauté des biens*; ils y ont répondu d'avance dans le livre que nous examinons. Cependant, des hommes placés dans une position sociale élevée, sans prendre la peine de le lire, ont cru devoir affirmer, du haut de la tribune parlementaire, que telles étaient les idées de l'école. Ils ont ajouté qu'elle demandait la *loi agraire*, bien que, pour le dire en passant, la *réunion* et le *morcellement* soient choses fort différentes. Les chefs de la doctrine ont, à cette occasion, adressé au président de la Chambre des députés une lettre qui a été reproduite dans plusieurs journaux, et dont nous allons citer un fragment :

« Le système de la communauté des biens s'entend universellement du partage *égal*, entre tous les membres de la société, soit du fonds lui-même, soit des fruits du travail de tous.

» Les Saint-Simoniens repoussent ce partage égal de la

propriété, qui constituerait à leurs yeux une violence plus grande, une injustice plus révoltante que le partage inégal qui s'est effectué primitivement par la force des armes, par la conquête.

» Car ils croient à l'*inégalité naturelle* des hommes, et regardent cette inégalité comme la base même de l'association, comme la condition indispensable de l'ordre social.

» Ils repoussent le système de la communauté des biens; car cette communauté serait une violation manifeste de la première de toutes les lois morales qu'ils ont reçu mission d'enseigner, et qui veut qu'à l'avenir *chacun soit placé selon sa capacité et rétribué selon ses œuvres*.

» Mais, en vertu de cette loi, ils demandent l'abolition de tous les priviléges de la naissance, *sans exception*, et par conséquent la destruction de l'HÉRITAGE, le plus grand de tous les priviléges, celui qui les comprend tous aujourd'hui; privilége dont l'effet est de laisser au *hasard* la répartition des avantages sociaux parmi le petit nombre de ceux qui peuvent y prétendre, et de condamner la classe la plus nombreuse à la *dépravation*, à l'*ignorance*, à la *misère*.

» Ils demandent que tous les instrumens du travail, les terres et les capitaux, qui forment aujourd'hui le fonds morcelé des propriétés particulières, soient réunis en un fonds social, et que ce fonds soit exploité par *association* et HIÉRARCHIQUEMENT, de manière que la tâche de chacun soit l'expression de sa *capacité*, et sa richesse la mesure de ses *œuvres*.

» Les Saint-Simoniens ne viennent porter atteinte à la constitution de la propriété qu'en tant qu'elle consacre, pour quelques-uns, le privilége impie de l'*oisiveté*, c'est-à-dire celui de vivre du travail d'autrui; qu'en tant qu'elle abandonne au *hasard de la naissance* le classement social des individus. »

L'histoire vient à l'appui de ce système : elle raconte que les divers modes de classification qui se sont succédés ont sans cesse tendu à faire décroître le principe de l'*hérédité* selon le *sang*, pour le remplacer par celui de l'*hérédité selon l'aptitude*. Sous le régime des castes, tout se transmettait de père en fils, depuis les plus hauts rangs jusqu'aux professions les plus viles. A des époques plus rapprochées de nous, l'héritage a embrassé d'abord les fonctions politiques (car le duc, le baron, etc., étaient de véritables fonctionnaires publics), et plus tard seulement, certaines dignités, certains droits, certains titres honorifiques. Aujourd'hui l'opinion générale se prononce hautement contre la dernière ruine des institutions féodales, la pairie héréditaire. Dans les sociétés européennes les plus avancées, un seul privilége est transmissible encore par le hasard de la naissance; c'est celui de la richesse. Il appartient à une saine logique de prononcer qu'il doit subir le sort de tous les autres, que le même mode de transmission adopté, au moins virtuellement, pour ceux-ci, doit lui devenir applicable. Abolir l'héritage actuel, ce n'est point détruire la propriété, pas plus que les professions n'ont été détruites par l'abolition des castes, ou les fonctions politiques par l'abolition de la féodalité : c'est étendre à tous les hommes un droit réservé jusqu'ici au petit nombre ; c'est donner à chacun un héritage, puisque, toute propriété devenant une fonction, chaque travailleur aura un supérieur à remplacer.

Mais ce serait peu pour les Saint-Simoniens s'ils n'étaient que bons logiciens : leurs paroles n'aura puissance de transformer la société qu'à la condition de répondre au besoin manifesté par les hommes qui sympathisent le plus ardemment avec les misères du pauvre. *Owen*, *Babœuf*, ont essayé de formuler ce besoin par leurs projets, soit de division, soit de communauté : mais ces vieilles solutions d'un problème nouveau ont excité peu d'enthousiasme; celle qui résulte de l'association saint-simonienne au contraire, toutes les fois qu'elle a été bien comprise et jugée avec impartialité, a produit sur les cœurs une vive impression. Il est inutile, sans doute, d'ajouter que l'école de Saint-Simon, qui a étudié l'histoire, et qui sait que le développement de l'humanité n'a pas lieu tout d'un coup, mais par des degrés successifs, n'entend en aucune manière que le passage de l'état actuel à celui de l'avenir doive s'effectuer brusquement et violemment. Elle ne reconnaît, pour diriger les hommes, d'autres forces que celles de la *persuasion*, de la *conviction* : ce n'est point un bouleversement, une *révolution* qu'elle vient prédire et opérer ; c'est une *évolution*, une transformation radicale de l'ensemble des sentimens, des idées, et par suite des intérêts matériels; cette évolution, enfin, elle veut l'accomplir au moyen de transitions qui ne froissent en rien les espérances fondées sur l'état social antérieur, transitions que l'on ne saurait concevoir et déterminer qu'après avoir parfaitement conçu et déterminé le but définitif vers lequel elles doivent tendre.

Nous avons vu que le dogme du *classement selon la capacité* et de la *rétribution selon le mérite* entraînait nécessairement une modification du droit de propriété. Nous avons vu également qu'une modification du droit de propriété n'est point chose inouïe, puisqu'aucune révolution sociale ne s'est opérée sans un pareil changement. Il nous reste à examiner quels seront, à l'égard du travail industriel, les avantages de la constitution nouvelle annoncée par les Saint-Simoniens.

Pour que le travail industriel parvienne au degré de perfection auquel il peut prétendre, les conditions suivantes doivent être réalisées : il faut 1° que les instrumens soient répartis en raison des besoins de chaque localité et de chaque branche d'industrie; 2° qu'ils le soient en raison des capacités individuelles, afin d'être mis en œuvre par les mains les plus capables ; 3° enfin que la production soit tellement organisée que l'on n'ait jamais à redouter, dans aucune de ses branches, ni disette, ni encombrement.

Or, comment aujourd'hui se fait la répartition des instrumens de travail ? D'abord, par le plus aveugle des distributeurs, le hasard, qui donne à un artiste, à un théoricien, l'héritage d'un manufacturier, d'un négociant, ou d'un agriculteur; sans parler des richesses tombant au pouvoir d'êtres nuls, légers ou corrompus. Et qui donc est chargé de rectifier les erreurs du hasard, de remettre les instrumens dans des mains habiles à les employer? Précisément ceux que le hasard a désignés par ses capricieuses faveurs. Des propriétaires et des capitalistes, étrangers pour la plupart aux travaux de l'industrie, incapables de faire valoir eux-mêmes leurs fonds de production, sont appelés à choisir les fermiers, les gérans auxquels ils les confient, moyennant une prime payée à leur propre oisiveté. La mauvaise exploitation des terres et des capitaux, les erreurs et les fraudes doivent-elles surprendre lorsque l'on sait que les aveugles et les impuissans sont juges de la force et des lumières? Est-il difficile enfin d'expliquer le désordre de l'industrie dont nous avons tracé le tableau en commençant?

Toutefois, au milieu de ce désordre, un genre d'industrie s'est élevé pour remédier à l'incompétence des propriétaires et des capitalistes. Les banquiers, se constituant intermédiaires entre ceux-ci et les travailleurs, mieux en état, par leurs habitudes et leurs relations, d'apprécier et les besoins de l'industrie et la capacité des industriels, dirigent avec plus d'intelligence la production et la distribution. Pourtant, malgré ces avantages incontestables, l'organisation actuelle des banques reproduit en partie les vices du régime où les possesseurs des instrumens de travail en sont eux-mêmes les dispensateurs.

Outre que cette organisation ne présente point un centre où viennent aboutir et se résumer toutes les opérations, d'où l'on puisse en embrasser l'ensemble, juger les besoins respectifs de chaque division de l'atelier social, activer le mouvement là où il languit, le ralentir là où il devient moins nécessaire; outre ces grandes lacunes, il faut ajouter que la portion la plus importante de l'activité matérielle échappe entièrement à l'influence des banquiers; nous voulons parler des travaux agricoles.

Le système général de crédit conçu par l'école de Saint-Simon, et dont l'industrie des banquiers peut être considérée comme étant le germe, mais un germe encore grossier, serait bien autrement complet. Nous allons en donner un aperçu dans les termes mêmes de l'exposition, aperçu qui ne saurait néanmoins dispenser de recourir à cette exposition, aucune des parties d'un système social ne pouvant être appréciée en dehors de l'ensemble des idées et des faits dans lesquels elle trouve sa justification.

Cette grande institution comprendrait d'abord une banque centrale, représentant le *gouvernement* dans l'ordre *matériel*. Cette banque serait dépositaire de toutes les richesses, du fonds entier de production, de tous les instrumens de travail, en un mot, de ce qui compose la masse entière des propriétés individuelles. De cette banque centrale dépendraient des banques de second ordre, qui n'en seraient que le prolongement, et au moyen desquelles elle se tiendrait en rapport avec les principales localités, pour en connaître les besoins et la puissance protectrice : celles-ci commanderaient encore, dans la circonscription territoriale qu'elles embrasseraient, à des banques de plus en plus spéciales, embrassant un champ moins étendu, des rameaux plus faibles de l'arbre de l'industrie. Aux banques supérieures convergeraient tous les besoins, d'elles divergeraient tous les efforts ; la banque générale n'accorderait aux localités des crédits, c'est-à-dire ne leur livrerait des instrumens de travail, qu'après avoir balancé et combiné les opérations diverses ; et ces crédits seraient ensuite répartis entre les travailleurs par les banques spéciales, représentant les différentes branches de l'industrie.

L'organisation industrielle que nous venons d'exposer brièvement réunit, mais sur une large échelle, tous les avantages des corporations, des jurandes et des maîtrises, et de toutes les dispositions législatives par lesquelles les gouvernemens ont, jusqu'à ce jour, tenté de réglementer l'industrie (1) ; elle ne présente aucun de leurs inconvéniens. D'une part, les

---

(1) Voir, p. 122 et suiv., l'exposé des moyens employés à différentes époques pour coordonner les travaux matériels, et des réflexions sur la nécessité

capitaux sont portés là où leur necessité est reconnue, car il ne saurait y avoir monopole, cette idée se trouve exclue par celle d'unité ; de l'autre, ils sont mis à la disposition des mains les plus capables d'en tirer parti, et les injustices, les actes de violence, les tendances égoïstes que l'on reproche aux anciens corps privilégiés ne sont point à redouter. En effet, chaque corps industriel n'est qu'une portion, et, pour ainsi dire, un membre du grand corps social, qui comprend tous les hommes sans exception. A la tête du corps social sont des hommes généraux, dont la fonction est de marquer à chacun la place qu'il lui importe le plus d'occuper, et *pour lui-même*, et *pour les autres*. Si le crédit est refusé à une branche d'industrie, c'est que, dans l'intérêt de tous, les capitaux ont été jugés susceptibles d'un meilleur emploi. Si un homme n'obtient pas les instrumens de travail qu'il demande, c'est que des chefs compétens l'ont reconnu plus habile à remplir une autre fonction. Sans doute l'erreur est inhérente à l'imperfection humaine ; mais il faut convenir cependant que des capacités supérieures, placées à un point de vue général, dégagées des entraves de la spécialité, doivent offrir, dans les choix qui leur sont confiés, le moins de chances possible d'erreur, puisque leurs sentimens, leurs désirs personnels même, les entraînent et les intéressent directement à donner autant de prospérité à l'industrie, et dans chaque branche autant d'instrumens de travail aux individus que l'état de la richesse et de l'activité humaines en comportent.

Ces dernières phrases, et ce qui a été dit plus haut sur l'impossibilité de séparer les idées qui se rapportent à l'avenir de la propriété de l'ensemble auquel elles appartiennent, nous conduisent inévitablement à parler des deux grands moyens de tout ordre politique, l'*éducation* et la *législation*.

L'éducation se divise naturellement en deux branches, l'é-

de les organiser sur de nouvelles bases qui ne comporteraient point les mêmes formes étroites et despotiques.

ducation morale ou générale, et l'éducation professionnelle ou spéciale. La première a pour objet de mettre les idées et les sentimens en harmonie avec le but social. Elle s'empare de l'homme dès le berceau, et l'accompagne dans le cours entier de sa vie; elle prépare et sanctionne dans les consciences tous les changemens qu'appelle la tendance progressive de l'humanité. Plus cette éducation est directe dans son influence, moins l'intervention répressive de la législation devient nécessaire. Le dernier terme du progrès serait de réduire l'utilité de la coercition législative aux seules anomalies vicieuses sur lesquelles l'éducation morale, aussi perfectionnée qu'il est possible de l'imaginer, serait demeurée sans pouvoir. Le progrès de la puissance de l'éducation morale peut donc être envisagé comme un des aspects du progrès de la liberté, qui consiste surtout à *aimer* et à *vouloir* ce qu'il *faut* faire. L'éducation morale, ayant pour but principal de développer les sympathies, ne peut être donnée que par des hommes doués au plus haut degré de la capacité sympathique : les formes appropriées à son action sont toutes celles que revêt l'expression sentimentale. Sous le nom de culte aux époques organiques, sous celui de beaux-arts aux époques critiques, elles ont pour résultat d'exciter des désirs conformes au but que la société se propose d'atteindre, et de provoquer ainsi les actes nécessaires à son progrès.

L'importance de l'éducation morale a toujours été grande; elle l'est devenue de plus en plus, à mesure que les intérêts sociaux se sont plus compliqués, et en même temps ses moyens d'action se sont considérablement perfectionnés.

Dans l'antiquité, chaque citoyen, appelé à discuter sur la place publique les intérêts de la communauté, et à prendre part aux entreprises que ces intérêts rendaient nécessaires, se trouvait placé à un point de vue assez élevé pour concevoir la relation de ses actes personnels avec l'intérêt général; mais cela ne le dispensait pas d'une éducation première qui lui révélât la société dont il était membre. Sans doute, les préceptes de cette éducation auraient pu rigoureusement se conserver en lui sans le secours d'une institution spéciale destinée à les lui rappeler ; et cependant voyez les pompes des jeux olympiques, les mystères, les cérémonies religieuses, cette classe nombreuse de prêtres, de sibylles, d'augures; partout un enseignement vivant des destinées sociales réveille le dévoûment et l'enthousiasme.

Cette position a changé : chaque peuple n'est plus renfermé dans l'intérieur d'une cité, et ne saurait plus être contenu sur une place publique où les intérêts communs puissent être débattus par tous, ou en présence de tous. La division du travail, l'une des conditions essentielles du progrès de la civilisation, en renfermant les individus dans un cercle de plus en plus borné, les a toujours aussi éloignés de plus en plus de la considération des intérêts généraux; et cela, en même temps que ces intérêts, par suite de la complication des relations sociales, devenaient plus difficiles à saisir. A mesure donc que la division du travail s'est étendue, il a fallu, pour réaliser les avantages qu'elle produisait, donner plus d'intensité et de régularité à l'éducation morale, seule capable de replacer les individus au point de vue général dont les écartait la spécialisation des travaux ; il a fallu pourvoir avec plus de soin à ce que les impressions de la première éducation fussent incessamment, et pendant tout le temps de leur vie, entretenues et fortifiées en eux par une action extérieure, directe, sympathique. Mais, si la division du travail a eu pour résultat immédiat de rétrécir la sphère des occupations individuelles, elle a permis en même tems aux organisations privilégiées de se livrer plus exclusivement à la contemplation des faits généraux, et, par leur action sur les autres hommes, de restituer avec usure à la société les avantages que l'on peut attribuer à la confusion des travaux dans les mains de chacun.

Les principaux instrumens d'éducation au moyen âge ont été le catéchisme, la prédication et la confession. Les deux premiers, destinés aux masses, avaient pour objet de résoudre les cas *généraux*, et devaient être nécessairement calculés sur la moyenne des intelligences et des sentimens : la confession leur servait de commentaire, prononçait sur les cas *individuels* si nombreux, et appropriait les préceptes à chaque intelligence, à chaque sensibilité. C'était un mode de *consultation* par lequel les hommes les moins éclairés venaient prendre l'avis de leurs supérieurs en intelligence, en moralité; la confession était un moyen employé par ceux-ci pour éveiller et entretenir les sympathies sociales et individuelles qu'ils avaient mission de diriger, et pour faire comprendre à chacun ses devoirs; enfin le clergé possédait en elle un moyen de réformation et de réhabilitation pour le coupable. Depuis qu'elle a servi à des menées astucieuses en faveur d'une doctrine devenue rétrograde, ou au profit de passions personnelles, on s'est avec raison déchaîné contre la confession ; mais cette haine et cette crainte attestent assez elles-mêmes la puissance de l'instrument qui les a inspirées. Quels que soient les changemens que devront subir la prédication publique et le mode de consultation et de réhabilitation individuelles, quels que soient même les noms qu'ils pourront recevoir, on peut affirmer que des moyens *analogues*, plus perfectionnés que ceux dont nous venons de parler, seront mis en usage dans l'avenir, pour prolonger l'éducation de l'homme durant le cours entier de sa vie.

L'éducation spéciale ou professionnelle a pour objet de transmettre aux individus les connaissances nécessaires à l'accomplissement des divers ordres de travaux ou de fonctions auxquels peut donner lieu l'état de la société. Le réglement de cette éducation suppose que, d'une part, toutes les fonctions, tous les ordres de travaux sont nettement déterminés, et que, d'autre part, des mesures ont été prises pour provoquer et observer le développement des aptitudes personnelles, afin de leur donner la culture qu'elles demandent. Tout privilége de parenté selon le sang étant aboli dans l'avenir, nul ne sera voué par une sorte de fatalité héréditaire à embrasser une profession contraire à ses goûts et à ses facultés naturelles. L'éducation générale sera la même pour tous, puisque tous seront appelés à vivre dans une société uniformément organisée ; mais l'éducation spéciale, embrassant la culture des sentimens, des intelligences et des forces, propre à faire des artistes, des savans et des industriels (il est impossible de rien concevoir dans la société en dehors de cette triple division), sera donnée, sans acception de naissance, exclusivement selon le vœu des diverses organisations individuelles. Ainsi, après une éducation primaire, préparatoire de toutes les destinations, et commune à tous les enfans, ceux-ci, dont les vocations auront été étudiées et consultées par des maîtres habiles, seront répartis dans trois grandes écoles pour les beaux-arts, les sciences et l'industrie. Quelque nombreuses que soient les divisions particulières auxquelles chacune de ces écoles puisse être soumise, on doit concevoir la nécessité d'une éducation commune pour tous les artistes, en tant qu'artistes, de même que pour tous les savans et pour tous les industriels. Ce n'est qu'à la suite de cette seconde préparation que les jeunes gens, désormais fixés sur leur carrière future, seront distribués dans les différentes écoles d'application, correspondantes à toutes les subdivisions dont sont susceptibles les trois grands ordres de travaux désignés ici d'une manière générale, et qui conduiront les élèves jusqu'au moment où la société, les jugeant suffisamment formés, confiera à chacun d'eux la fonction à laquelle il sera devenu propre. Les fonctions, les professions diverses étant réparties alors en raison des capacités, il en résultera qu'elles seront exercées avec un plus haut degré de perfection, et que, par cela seul, les progrès, dans toutes les branches de l'activité humaine, seront beaucoup plus rapides qu'ils ne l'ont été à aucune époque du passé. La division du travail a été considérée, avec raison, comme une des causes les plus puissantes des progrès de la civilisation; mais il est évident que cette division ne portera tous ses fruits que lorsqu'elle aura pris pour base la différence de *capacité* chez les travailleurs.

Nous ne saurions faire entrer ici aucun détail sur les perfectionnemens successifs de l'éducation, sur les lacunes et les vices de son état actuel, ni sur les moyens de réaliser les conditions abstraites suivantes, sans lesquelles on ne peut concevoir un système complet et régulier d'éducation spéciale, savoir : 1° un enseignement comprenant toutes les connaissances humaines dans leur état le plus avancé ; 2° un corps enseignant organisé de manière à ce que tous les progrès passent facilement de la théorie à la pratique, des mains des savans qui perfectionnent la science dans celles des savans qui l'enseignent, et des mains de ceux-ci dans celles des hommes qui en font l'application immédiate ; 3° une éducation spéciale embrassant toutes les professions que nécessitent les besoins sociaux ; 4° enfin un enseignement distribué de telle sorte que chaque degré soit en même temps la conséquence du degré précédent et l'acheminement au degré suivant. L'éducation, ainsi constituée dans l'avenir, offrira, pour chaque individu, une série d'études, régulière et homogène, dont le dernier terme conduira immédiatement à une profession, à une fonction sociale.

La législation a pour but le maintien de la règle morale, et son enseignement sous une forme particulière. Elle embrasse les faits exceptionnels de la société, c'est-à-dire les faits anomaux, *progressifs* ou *rétrogrades;* en d'autres termes, les actes moraux ou immoraux qui excitent le plus l'éloge ou le blâme. Elle se divise donc en deux parties distinctes : la législation négative et positive, ou *pénale* et *rémunératoire*. Aux époques où tout moyen direct d'éducation est à peu près nul dans les mains du pouvoir, parce que celui-ci n'a réellement ni capacité, ni mission pour enseigner les peuples, la législation pénale est la seule arme qu'il possède, non pour entraîner la société dans la route du bien, c'est-à-dire vers son avenir, qui est alors ignoré, non pour l'empêcher, par une sage prévoyance, d'embrasser celle du mal, c'est-à-dire de se rapprocher de la barbarie du passé, mais uniquement pour effrayer le vice par le spectacle de la punition des coupables. Ce moyen d'éducation, le plus faible de tous aux époques organiques, puisqu'il n'agit qu'indirectement, est le seul qui reste aux époques critiques. — Aux époques organiques, la législation a principalement pour objet d'amender le malfaiteur; aux époques critiques, de le mettre hors d'état de nuire. — Aux époques organiques, la législation est simple, parce que le but de la société est nettement défini ; elle est facile à comprendre, et à peine a-t-elle besoin d'être écrite, car elle est vivante dans les hommes revêtus de l'autorité. Aux époques critiques, elle est compliquée; elle devient une science à la portée du petit nombre, et possédée par des docteurs spéciaux; ses meilleurs interprètes sont les plus *habiles*, non les plus *vertueux*, car l'*équité* et la *justice* sont réputées choses diverses. — Enfin, aux époques organiques, le juge le plus parfait est celui qui connaît le mieux l'état, les relations, la conscience de l'accusé; aux époques critiques, c'est celui qui, étant le plus complétement étranger à sa vie, peut lui appliquer les dispositions du Code avec une entière impartialité.

Ce parallèle entre la législation et la magistrature des époques organiques et critiques suffit pour définir d'une manière implicite la législation et la magistrature de l'époque organique saint-simonienne.

La législation sera simple : il est presque inutile de le dire, après avoir parlé de l'abolition de l'héritage, source de la plupart des conflits judiciaires. Elle sera facile à comprendre et à respecter, le but social étant connu et aimé de tous. Tout ce qui tend à favoriser le développement des sentimens, des intelligences et des forces, voilà la vertu ; tout ce qui contrarie ce développement, voilà le vice. Dans chaque classe de la société, chaque individu aura pour juges ses supérieurs immédiats, les hommes qui sauront le mieux apprécier toutes les circonstances de ses actes. Enfin, la législation pénale sera considérablement adoucie dans ses formes ; elle n'aura d'autre objet que de soumettre à un mode particulier d'éducation les hommes qui s'écarteront des voies indiquées par l'éducation ordinaire.

Ces dernières considérations sur les deux grands moyens d'ordre social révèlent tout à coup à l'esprit le besoin d'une sanction suprême pour les préceptes recommandés par l'éducation, prescrits par la législation. Quels seront les hommes chargés de diriger l'enseignement ? quels seront les hommes chargés de faire les lois ? d'où leur viendra leur mandat ? quel sera leur caractère ? quel sera leur rang dans la hiérarchie sociale ? quelle sera enfin cette hiérarchie qui doit être l'expression de la société tout entière, de ses travaux et de ses conceptions ?

Toutes ces questions ne peuvent trouver leur solution que dans celle d'un immense problème qui se présente sous la forme suivante : *L'humanité a-t-elle un avenir religieux?* et dans le cas de l'affirmative : La religion doit-elle se réduire à une contemplation purement individuelle? doit-on ne la comprendre que comme une pensée intérieure, isolée dans l'ensemble des sentimens, dans le système des idées de chacun, sans influence sur ses actes sociaux, sur sa vie politique? ou bien, cette religion de l'avenir ne doit-elle pas se produire comme l'expression de la pensée collective de l'humanité, comme la synthèse de toutes ses conceptions, de toutes ses manières d'être ; ne doit-elle pas prendre place dans l'ordre politique et le dominer tout entier?

C'est dans ce dernier sens que le problème est résolu par l'école de Saint-Simon ; mais en présence d'un siècle peu favorable aux idées religieuses, elle a dû tenir compte de la préoccupation des esprits, et consacrer un grand nombre de pages à détruire les argumens qui se présentent contre l'examen même de ces questions vitales, comme étant jugées sans retour. Elle a dû s'attacher à démontrer les points suivans : l'irréligion, qui forme le caractère général de notre époque, comme de toutes les époques critiques, n'est que le produit des antipathies qui se sont développées contre un dogme vieilli, devenu insuffisant, et contre l'institution qui le réalisait; sous un autre rapport, elle n'est que la traduction de ce fait, savoir : que l'homme a cessé, en contemplant l'univers et sa propre existence, d'y apercevoir l'ordre, l'harmonie, l'ensemble; mais, par sa nature même, l'humanité tend invinciblement vers une nouvelle conception d'ordre, et, du moment où elle l'aura saisie, elle reviendra à la religion, puisque l'ordre, l'harmonie, l'ensemble, ne sont que des expressions variées d'une pensée religieuse.—Examinant ensuite le témoignage des sciences, qui, selon l'opinion commune, déposent contre toute idée de ce genre, l'école de Saint-Simon fait voir que, par leur objet, par la nature de leur mode d'investigation, par leurs prétentions mêmes, les sciences passent à côté des bases fondamentales de tout édifice religieux : *Dieu et un plan providentiel;* que, bien loin d'être athées dans leur essence, comme on le croit généralement, comme les savans, en tant qu'élèves de la philosophie critique, le croient eux-mêmes, elles prennent leur source et trouvent leur puissance dans une idée essentiellement religieuse, savoir : qu'il y a constance, ordre, régularité dans l'enchaînement des phénomènes; qu'enfin elles contribuent, en découvrant progressivement les lois qui régissent l'univers, à donner une notion toujours de plus en plus complète des desseins providentiels, et qu'en ce sens on pourrait dire des sciences qu'*elles racontent la gloire de Dieu.* « Non, s'écrie-t-elle, la science n'est pas destinée à être l'éternelle ennemie de la religion, à rétrécir continuellement son domaine, pour arriver un jour enfin à l'en déposséder complétement ; elle est appelée, au contraire, à étendre, à fortifier sans cesse son empire, puisqu'en définitive chacun de ses progrès doit avoir pour résultat de donner à l'homme une idée plus grande de Dieu et de ses desseins sur l'humanité. Et n'est-ce point ainsi que l'ont sentie ses plus illustres chefs, ceux même dont les savans de nos jours se font gloire de suivre les traces? Voyez Newton, s'élevant jusqu'à la pensée de la gravitation, et s'inclinant humblement devant le Dieu dont il vient de découvrir la volonté; écoutez Kepler rendre grâces à Dieu, dans un hymne plein d'enthousiasme, de lui avoir révélé la simplicité et la grandeur du plan sur lequel il a établi le mécanisme universel; entendez Leibnitz, le plus grand homme dans l'ordre de la science, selon l'expression de de Maistre, déclarant que s'il attache du prix aux travaux scientifiques, c'est surtout pour avoir le droit de parler de Dieu; vous reconnaîtrez que plus la science s'élève, plus elle se rapproche de la religion, et qu'enfin l'inspiration scientifique, à son plus haut degré d'exaltation, se confond avec l'inspiration religieuse. »

Nous ne poursuivrons pas ici le résumé de cette discussion qui nous prendrait trop d'espace, et nous reviendrons à l'exposition dogmatique. — Écartant d'abord toute démonstration de la nécessité même du lien religieux, et se bornant à appliquer scientifiquement la méthode positive aux faits de l'histoire, on examine si, à chaque grande révolution subie par l'humanité, le sentiment religieux dans ses transformations, s'est étendu et affermi de manière à laisser présager un avenir de croissance, ou si, au contraire, son affaiblissement autorise à prévoir pour lui une extinction totale. Comparant alors les trois états généraux que comprend jusqu'à ce jour le développement religieux de l'humanité, le *fétichisme*, le *polythéisme* et le *monothéisme*, considéré dans ses deux phases, le *judaïsme* et le *christianisme*, on fait voir que le sentiment religieux a pris successivement plus d'importance par la place qu'il a occupée dans l'existence individuelle, et par sa valeur sociale. En effet, si nous l'étudions sous le premier point de vue, nous trouvons que le lien religieux s'est constamment fortifié par le progrès de l'amour et la vénération de l'homme envers Dieu, et par l'autorité croissante du dogme de la vie future. Sous le second, le progrès des croyances religieuses n'est pas moins évident par leur puissance d'agrégation, devenue toujours plus considérable; ce qu'atteste l'agrandissement des centres successifs d'association, famille, cité, nation, église, correspondans aux dogmes successifs du fétichisme, du polythéisme et du monothéisme juif et chrétien. L'école de Saint-Simon, fidèle à sa méthode, conclut de ce tableau que, dans l'époque organique qui se prépare, la religion est destinée à faire un nouveau, un immense progrès, conséquence des progrès qu'elle a faits dans le passé, d'époque organique en époque organique, sous le double rapport de sa valeur sociale et individuelle. Elle proclame que l'humanité a un avenir religieux; que la religion de l'avenir sera plus grande, plus puissante qu'aucune des religions du passé; que son dogme sera la synthèse de toutes les conceptions, de toutes les manières d'être de l'homme, que l'institution sociale politique, considérée dans son ensemble, sera une institution religieuse.

L'exposition du dogme saint-simonien et de l'institution politique qui doit le réaliser, voilà quel sera l'objet du second volume annoncé. Sans vouloir anticiper sur cette seconde partie, que nous avons l'intention d'analyser comme la première, nous emprunterons à une nouvelle publication sur la doctrine une critique du dogme chrétien, critique dont la nature peut jeter d'avance quelques lumières sur le dogme nouveau appelé à combler ses lacunes (1).

« En annonçant un Dieu pur esprit, en plaçant en dehors de lui la matière universelle, l'Église montrait l'homme, dans la condition actuelle de son existence, comme empêché par des liens qui le tenaient éloigné du type de toute perfection. De plus, elle conservait dans son dogme un débris manifeste

---

(1) *De la Religion saint-simonienne.* Cinq discours adressés aux Élèves de l'École Polytechnique.

de la philosophie orientale qui avait présenté le monde comme le théâtre d'une lutte continuelle entre deux principes opposés, celui du bien et celui du mal. Si la théologie chrétienne avait complétement subordonné le principe du mal, au moins lui laissait-elle encore une grande liberté d'action ; et ce qui doit surtout frapper vos esprits, c'est qu'elle lui avait spécialement attribué la matière pour domaine. « La chair, dit saint Augustin, c'est le péché. » Et, dans l'Évangile même, écoutez le tentateur montrant tous les royaumes du monde et les richesses de la terre : « Je vous donnerai, dit-il, je vous donnerai toute cette puissance et la gloire de ces royaumes ; car *elle m'a été donnée*, et je la donne à qui il me plaît. » A ces deux idées principales, l'existence d'un Dieu pur esprit et l'existence d'un mauvais principe, se manifestant surtout par les appétits de la matière, ajoutez le dogme antique de la chute, qui tendait à faire concevoir la souffrance sur cette terre comme nécessaire, irrémédiable, et vous serez placés au point de vue convenable pour bien comprendre la direction de tous les travaux de l'Église chrétienne.

» Dieu étant un pur esprit, tout perfectionnement dans l'ordre matériel était jugé inférieur. Le principe du mal ayant la matière pour domaine, l'accroissement des jouissances matérielles n'était pas seulement subordonné, il était réprouvé pour l'homme ; enfin, la douleur étant le juste châtiment d'une faute antérieure, il acceptait le mal et s'y soumettait avec résignation, avec joie peut-être, au lieu d'y voir constamment l'indication d'un progrès à faire, pour arriver par son propre mérite à un état meilleur.

» L'Église perfectionna les sentimens, développa les sympathies, car son Dieu était un Dieu aimant ; elle eut des prêtres. L'Église se proposa aussi de cultiver la science ; mais exclusivement sous le rapport des phénomènes de l'esprit : elle eut des *théologiens* qui étudièrent l'homme dans ses facultés *intellectuelles* et dans ses relations, comme être *spirituel*, avec Dieu, avec ses semblables. Dans ces deux ordres de travaux, l'Église a rendu au monde d'immenses services ; mais, quant au perfectionnement du bien-être *matériel* de l'humanité, elle ne s'en est jamais occupée, au moins d'une manière directe et suivie. Ainsi, par exemple, elle n'a jamais organisé un corps spécial ayant pour fonction de provoquer ou d'accomplir le progrès dans cette direction. Une telle institution eût été trop contraire à tout l'ensemble de sa foi ; et l'impuissance des tentatives que la société des jésuites a faites à cet égard confirme bien nos observations. »

De ces reproches adressés au christianisme, tirons quelques conclusions pour l'avenir.

Dieu ne sera point un pur esprit, il ne sera pas non plus matériel comme les divinités païennes ; il embrassera l'ensemble de l'univers sous sa double manifestation, esprit et matière. Le mal n'ayant plus d'existence positive, ce que l'on désigne par ce mot n'est que l'indication du progrès à faire. L'idée que Dieu aurait laissé faillir sa créature parfaite sera remplacée par la foi en un progrès constant, accompli par les efforts de l'homme, et selon la volonté d'une providence toujours bienveillante.

A ce Dieu infini, *universel*, que l'humanité représente dans sa forme finie, correspond la réalisation politique d'une *association universelle*. A cette notion d'un Dieu qui embrasse toutes les manifestations de l'être, correspond la réhabilitation des travaux matériels, et des jouissances du même ordre, les uns subalternisés, les autres proscrites par le christianisme.

Ces indications, qui n'ont d'autre but que de faire sentir l'importance des sujets traités dans la seconde partie de l'exposition, suffisent pour montrer que, si les Saint-Simoniens s'occupent de théologie, c'est que cette *théologie* doit se résoudre dans une *politique*, et qu'ils n'attachent de prix aux *théories* qu'en raison de leur valeur *pratique*. Ce sont des hommes qui presque tous ont pris une part active et souvent périlleuse aux efforts *positifs* d'affranchissement politique ; et ce n'est qu'après avoir exploré, dans toutes les directions, le terrain sillonné par les savans et par les libéraux de toutes nuances, que ces hommes ont senti la nécessité d'une doctrine générale qui coordonnât toutes les branches de l'activité philanthropique, intellectuelle et industrielle.

ÉVERAT, imprimeur, rue du Cadran, N° 16.

www.ingramcontent.com/pod-product-compliance
Lightning Source LLC
Chambersburg PA
CBHW070658050426
42451CB00008B/416